JN199280

お肉好きも満足！

大豆ミートの
ヘルシーレシピ

大豆ミート料理研究家
坂東万有子

河出書房新社

はじめに

◎「新しいおいしさ」の発見！

健康ブームもあり植物性のたんぱく質がとれる大豆食品が注目され、その中でも
大豆ミートが話題を呼んでいます。私はベジタリアンではないのですが、20年前
にはじめて大豆ミートの唐揚げを食べたときにおいしい！ と思いました。肉や魚と
はまたちがうおいしさを知ってその魅力の虜になりました。

◎ 肉・魚に次ぐ第3の「メインおかず」

1つめの魅力は、**大豆ミートはメインのおかずとして十分使え、普段よく食べるお**
肉と同じ感覚で料理できるということ。食卓では副菜のイメージがある大豆食品
ですが、大豆ミートは唐揚げ、ハンバーグ、カツなどのようにお肉と同様に使える
ので食べ応えもあり、揚げものや煮ものなどの主菜になります。しかも**味が浸みや**
すいので和洋中さまざまな料理とも相性が良く、食卓に取り入れやすいのです！

◎ さまざまなメリットで現代人にぴったり

2つめの魅力が健康づくりにおいても**大変優れていること**。育ち盛りのお子様から
生活習慣病が気になりだす中高年や高齢者にとっても大豆ミートは大変優秀な食
材となり、毎食取り入れることで**美容面でのメリット**もあります（6〜7ページで詳
しく解説）。3つめは、お肉と違って**常温保存できる**ので共働きなどで**忙しい現代**
人にはぴったりであること。買いおきの大豆ミートを使ってパパっとメインおかずを
作れるので助かります。

◎ 毎日の食卓に一品取り入れて

本書では**主菜にできるボリュームおかず**から、和えものやスープなど"あと一品"
に適した副菜まで、家庭で作りやすい「普段のおかず」を中心にレシピを集めま
した。また**「つくりおきレシピ」**や**「乾物活用！ 時短レシピ」**も掲載しています。
レシピのほか、市販されている大豆ミートの種類や特徴など、はじめての方にも分
かりやすいようになるべく詳細に紹介させていただきました。

本書を通し、みなさまにとって大豆ミートがより一層身近なものになれば幸いです。

大豆ミート料理研究家　坂東万有子

CONTENTS

はじめに ・・・・・・・・・・・・・・ 2
大豆ミートはスーパー食材だった！ ・・ 6
大豆ミートの特徴 ・・・・・・・・・・ 8
乾燥大豆ミートの湯戻し法 ・・・・・・ 10
基本の材料 ・・・・・・・・・・・・・ 11
坂東流大豆ミート活用法 ・・・・・・・ 12
Q&A ・・・・・・・・・・・・・・・・ 14

常備菜
きんぴら ・・・・・・・・・・・・・・ 42
ピリ辛肉みそ ・・・・・・・・・・・・ 42
青じそとまいたけの佃煮 ・・・・・・・ 42

麺・ごはん
ジャージャー麺 ・・・・・・・・・・・ 44
かき揚げ蕎麦 ・・・・・・・・・・・・ 46
根菜の炊き込みごはん ・・・・・・・・ 47
豚バラ丼風　温玉のせ ・・・・・・・・ 48
チキンライス風 ・・・・・・・・・・・ 49

PART 1

基本の大豆ミートレシピ

炒めもの・焼きもの
チンジャオロース ・・・・・・・・・・ 16
白菜の中華炒め ・・・・・・・・・・・ 18
タイ風　大豆ミートのカシューナッツ炒め
・・・・・・・・・・・・・・・・・ 19
ハンバーグ ・・・・・・・・・・・・・ 20
ひき肉ポテトのオムレツ ・・・・・・・ 22
ポークケチャップ ・・・・・・・・・・ 23

揚げもの
唐揚げ ・・・・・・・・・・・・・・・ 24
鶏南蛮浸け ・・・・・・・・・・・・・ 26
ひと口フィレカツ ・・・・・・・・・・ 27
簡単揚げ春巻 ・・・・・・・・・・・・ 28
エビマヨ風 ・・・・・・・・・・・・・ 29

煮もの・蒸しもの
レンコン焼売ともやしナムル ・・・・・ 30
なすのみぞれあんかけ ・・・・・・・・ 32
もつみそ煮込み ・・・・・・・・・・・ 33
オクラとなめこのスープ ・・・・・・・ 34
わかめの中華スープ ・・・・・・・・・ 35

和えもの・サラダ
生春巻き ・・・・・・・・・・・・・・ 36
さつまいものマヨサラダ ・・・・・・・ 36
コブサラダ ・・・・・・・・・・・・・ 38
レタスの肉みそサラダ ・・・・・・・・ 39
キャベツの豆乳ごま和え ・・・・・・・ 40
ほうれん草の梅肉のり和え ・・・・・・ 40
小松菜の辛子じょうゆ和え ・・・・・・ 40

PART 2

常備菜にも！ つくりおきレシピ

塩麹浸け大豆ミート ・・・・・・・・ 52
塩麹浸け大豆ミートアレンジ
塩麹浸け大豆ミート焼き
　　わさびじょうゆ添え ・・・・・・・ 53
ピーマンと塩麹浸け大豆ミートの
　　炒めもの ・・・・・・・・・・・・ 54
肉じゃが ・・・・・・・・・・・・・・ 55

ハーブオイル浸け大豆ミート ・・・・ 56
ハーブオイル漬け大豆ミートアレンジ
水菜ときのこのペペロンチーノ ・・・・ 57
ハーブオイル浸け大豆ミートと
温野菜のバーニャカウダ ・・・・・・・ 58
トマトとバジルのマリネサラダ ・・・・ 59

香味オイル浸け大豆ミート ・・・・・ 60
香味オイル漬け大豆ミートアレンジ
簡単！　ニラ餃子とキャベツ餃子 ・・・ 61
中華風まぜごはん ・・・・・・・・・・ 62
きゅうりの中華和え ・・・・・・・・・ 63

大豆ミートに合う
たれ・ディップソース
甘酒オーロラソース ・・・・・・・・・ 64
中華風マスタードマヨソース ・・・・・ 64
柚子胡椒ポン酢 ・・・・・・・・・・・ 64

PART 3
乾物活用！時短レシピ

乾物のまま入れるだけ！
時短レシピ
時短ミートソース ・・・・・・・・・・・・・ **68**
時短麻婆ソース ・・・・・・・・・・・・・・ **68**
時短ドライカレー ・・・・・・・・・・・・ **68**

時短ミートソースアレンジ
きのこのミートパスタ ・・・・・・・・・・ **70**
なすのミート焼き ・・・・・・・・・・・・・ **71**

時短麻婆ソースアレンジ
たけのことキャベツの麻婆炒め ・・・・・ **72**
トマトの酸辣湯麺 ・・・・・・・・・・・・・ **73**

時短ドライカレーアレンジ
キーマカレー ・・・・・・・・・・・・・・・・ **74**
パプリカのカレードリア詰め ・・・・・・ **75**

スイーツ
揚げないかりんとう ・・・・・・・・・・・・ **76**
ティラミス ・・・・・・・・・・・・・・・・・ **77**

COLUMN 1
乾燥タイプの戻し方の裏技 ・・・・・・・ **50**

COLUMN 2
気になる"大豆臭さ"は調味次第！ ・・・ **66**

COLUMN 3
大豆ミート先進国、上海・台湾リポート
・・・・・・・・・・・・・・・・・・・・・・・・ **78**

本書のレシピのルール
- 計量単位は、大さじ1＝15㎖、小さじ1＝5㎖、1カップ＝200㎖です。素材により、量りやすい分量で表記しています。
- 材料は2人分、料理によっては作りやすい分量を紹介しているものもあります。
- とくに明記がない場合は、火加減は「中火」です。
- 材料の重さ（g）は基本的に正味重量でなく、材料そのものの重さで表示しています。個数、本数などは目安です。
- 電子レンジはW（ワット）数によって加熱時間が異なります。本書では、レシピ上では500Wを設定しています。600Wの場合は、加熱時間を約0.8倍にしてください。ただし、電子レンジの機種によっても差がでますので、あくまでも目安として、加熱具合をみながら加減してください。
- オーブンは電気オーブンを使用した場合の焼成時間になります。焼き加減は機種によっても差がでますので、あくまでも目安として、様子を見ながら調整してください。

大豆ミートアイコンの見方
本書はレシピによって、大豆ミートを下記のタイプに分けて説明しています。詳しくはp.11を参照してください。

➡ **湯戻しが済んだ大豆ミート、または**
  レトルトパック大豆ミート

➡ **乾燥大豆ミート**

大豆アレルギーの方へ
大豆ミートは大豆たんぱくが主成分となります。加熱加工されておりますがアレルゲンがどの程度残存しているのかはわかっておりませんので、大豆アレルギーのある方にはおすすめできません。

＼ 美容にも健康にもいいことずくめ！ ／

大豆ミートはスーパー食材だった！

監修　管理栄養士・フードコーディネーター　早崎 知代

カロリー　脂質　コレステロール

現代人の減らしたいものをカットできる！

🫘 肉よりヘルシー

　糖尿病や脂質異常症などの生活習慣病や肥満に悩む現代人の多くに共通するのがカロリーオーバー。カロリーオーバーは内臓脂肪を蓄積させ検査値を悪化させてしまいます。

　大豆ミートは**肉と比べるとカロリーは最大約70％カット、脂質は最大97％カットすることができる**とてもヘルシーな食材なのです（下記表参照）。

（100gあたり）

	牛肩ロース	豚バラ肉	鶏もも肉	大豆ミート※	
カロリー	411kcal	395 kcal	204 kcal	**108 kcal**	← 約1/2〜1/4！（肉との比較）
脂質	37.4g	35.4g	14.2g	**1.27g**	圧倒的な低脂質！
コレステロール	89mg	70mg	89mg	**0mg**	コレステロールゼロ！
たんぱく質	13.8g	14.4g	16.6g	**15g**	← 肉と同等のたんぱく質量を含有

※大豆100％原料の乾燥大豆ミートを湯戻し後（3倍）の計算値
出典：七訂　日本食品標準成分表

🫘 動脈硬化のリスク軽減にも！

　大豆たんぱくにはLDLコレステロール（悪玉コレステロール）を改善する働きがあることがわかっています。大豆はコレステロールゼロなので、コレステロール値でお悩みの方におすすめです。そして最近、通常のLDLよりも動脈硬化のリスクが上がるsd-LDL（small dense LDL）の存在がわかってきました。このsd-LDLを予防するには中性脂肪値の改善がカギとなり、食事を適正なカロリーにし肥満を解消することがとても重要です。大豆ミートを上手に取り入れることで、**カロリーカットと良質のたんぱく摂取が同時にできるため健康的なダイエットや生活習慣病の改善にピッタリ**の食材と言えます。

**普段のおかずを
大豆ミートに置き換えると？**

カロリー約1/3カット

合びきハンバーグ 1個分 266kcal	➡	大豆ミート ハンバーグ1個分 189kcal

※合びき肉50g（牛：豚＝7：3）、大豆ミート50g（湯戻し後3倍になったもの）で計算

カロリー約1/4カット

鶏もも肉塩麹焼き （皮つき）90g 372kcal	➡	大豆ミート 塩麹焼き90g 278kcal

※大豆ミートは湯戻し後3倍になったもので計算

今注目の大豆ミート、みなさんはどんなイメージをお持ちですか？
「お肉の代替品では？」というようなイメージがあるかもしれませんが、
実は知れば知るほどすごい美容と健康効果が期待できるスーパー食材なのです。

現代人に足りないものを補える！

便秘改善、血糖コントロールにも

大豆は意外にも食物繊維が豊富な食材です。
食物繊維には便秘などに効果的な**不溶性食物繊維**と腸内で食物の吸収を緩やかにし食後の血糖値の急激な上昇を抑える働きをする**水溶性食物繊維**があります。大豆には**その両方がしっかりと含まれているため、肉には含まれていない食物繊維もしっかりと摂ることができます。** ※製造方法により食物繊維が含まれない大豆ミートもあります

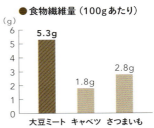

アミノ酸スコアも満点

大豆たんぱくはたんぱく質の質を評価する「アミノ酸スコア」が最大値の100であり、動物性たんぱく質にも劣らない優秀なたんぱく源であると言えます。
植物性は動物性に比べてたんぱく質の吸収が低いイメージがあるかと思いますが、**大豆ミートは肉と置き換えても遜色のないアミノ酸バランスのたんぱく質を摂ることができます。**

美容、アンチエイジングにも

大豆ミートは油以外は大豆の栄養そのまま！ 大豆に多く含まれるイソフラボンやコリンを始めとするその他の栄養もしっかりと摂取できます。しかもイソフラボンについては**他の大豆の加工食品よりも多く含まれている**こともわかっています。イソフラボンはフィトケミカルと言われるポリフェノールの一種で、がんや動脈硬化、老化の原因となる活性酸素を無害化する**抗酸化作用**のほか、女性ホルモンと似た働きがあるため**更年期障害を緩和する**など女性にはとても嬉しい作用が期待できます。
ポリフェノールの効果は即効性がありますが、長続きはしないため、**毎食取り入れることが理想的**です。

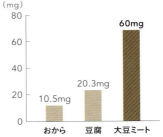

大豆ミートの特徴

いろいろな種類があり、はじめて使う方は、何から手にとればいいのか……と
悩んでしまう場合も。選ぶとき、調理するときに迷わないように、
まずは大豆ミートの形状と状態について特徴を知っておきましょう。

🫘 形状タイプは多様！ 料理により使い分けて！

乾燥タイプの大豆ミートは、料理に合わせて使い分けることができるよう、種類も豊富です。

基本の3形状

ミンチタイプ（ひき肉状）

ひき肉料理全般に使えるタイプで、初めて大豆ミートを試す方にもおすすめ。見た目も食感もひき肉そのもの。

➡ ハンバーグ（p.20）、ピリ辛肉みそ（p.42）、時短ミートソース（p.68）、時短麻婆ソース（p.68）、時短ドライカレー（p.68）、炒飯など

フィレタイプ（ヒレ肉状）

細切り、ひと口大サイズがあり、一番食感がやわらかいタイプ。炒めもの、和えものなど下味のつけ方次第で、和風にも洋風にもアレンジがききます。

➡ チンジャオロース（p.16）、白菜の中華炒め（p.18）ひと口フィレカツ（p.27）、和えものなど

ブロックタイプ

ひと口大の鶏肉サイズ状。塊肉代わりに使えて、一番弾力のある歯応え。あらゆる調理に向いています。下味のつけ方次第で、和風にも洋風にもアレンジが可能。

➡ 唐揚げ（p.24）、鶏南蛮浸け（p.26）、肉じゃが（p.55）、カレー、酢豚、串焼きなど

ユニークな形状の一例

スライスタイプ

フィレよりも形状が薄く、薄切り肉やこま切れ肉代わりに使えます。和えもの、スープなどに。

➡ オクラとなめこのスープ（p.34）、わかめの中華スープ（p.35）、小松菜の辛子じょうゆ和え（p.40）など

手羽先タイプ

手羽先のような形状をしており、食感を楽しむ料理に向いています。

➡ エビマヨ風（p.29）、エビチリなど

バラ肉タイプ

フィレよりも厚みがあり、バラ肉の代わりに使えます。

➡ 豚バラ丼 温玉のせ（p.48）

もつ肉タイプ

歯応えがあり、煮込み料理などに向いています。

➡ もつみそ煮込み（p.33）

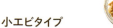

小エビタイプ

ミンチよりも食感をだしたい時に。和えものや常備菜などに向いています。

➡ きんぴら（p.42）、かき揚げ蕎麦（p.46）、おひたしなど

🫘 状態別は大きく3種類。味バリエも進化中！

消費者側の利便性を考えて、乾燥、レトルトパック、冷凍の3種類があります。
レトルトパックには、下味がついたものや、総菜系で便利なものがたくさん開発されています。

乾燥

長期保存がきくタイプで形状タイプもいろいろ選べます。戻し方を工夫すれば、おいしさも引き立ち、使う分だけ取り分けられるのもうれしい。コスパも◎。

レトルトパック

水切りや湯戻し不要のレトルトパックタイプ。封を開ければお肉のようにすぐ使えます。常温保存可。

〈かるなぁ〉クイックSOY ミンチタイプ

〈マルコメ〉ダイズラボ 大豆のお肉 フィレタイプ

冷凍

水切りや湯戻し不要の冷凍タイプ。使いたい分量を取り分けられ、料理にそのまま入れられるのがポイント、市販品ではマルコメのミンチタイプのみが発売されています。

〈マルコメ〉ダイズラボ 冷凍 大豆のお肉 ミンチタイプ

下味つき
乾燥→戻し→下味までされたレトルトパックのもの。封を開ければ、お肉のようにすぐ使えます。大豆の風味を抑える程度の下味がついてるのが特徴。

〈マルコメ〉ダイズラボ 大豆のお肉 ミンチタイプ（下味つき）

総菜系
回鍋肉や、麻婆豆腐の素、ガパオライスなど、調味液と大豆ミートが一緒になっているもの。野菜などと一緒に炒めるだけのお手軽さ。

〈マルコメ〉ダイズラボ ガパオライス

〈かるなぁ〉大豆ミートを使った回鍋肉の素

🫘 原料別は3種類

大豆ミートは大豆100％でできているもの、玄米入りのもの、つなぎが使われているものがあります。購入の際の参考にしましょう。

> 本書で使っているのは「大豆100％原料」と「大豆＋玄米」のものです。

●**大豆100％原料**
大豆100％でできているもの。マルコメやかるなぁの製品はこのタイプです。

●**大豆＋玄米**
大豆に玄米が含まれているもの。香ばしい風味があります。マイセンの製品がこのタイプです。

〈マイセン〉大豆と玄米のベジミンチ

●**大豆＋その他**
大豆のほかにエンドウ豆や、つなぎに小麦たんぱく粉、デンプンなどが含まれているもの。

大豆ミートはこうして作られます！

大豆ミートは大豆たんぱく加工食品です。大豆油を圧搾または抽出し（脱脂大豆）、加熱・加圧により大豆たんぱくを繊維状にしてブロック型やミンチ型などさまざまな形に成型し、高温乾燥・殺菌しています。

＊商品情報は2018年8月現在のものです。商品の廃番やパッケージ変更などもございますのでご了承ください。

乾燥大豆ミートの湯戻し法

ここでは本書のPART1で使用する乾燥大豆ミートの戻し方を説明します。
乾燥大豆ミートを使う場合は、下記を参考にして湯戻ししてから使ってください。
レトルトパック大豆ミートを使う場合は、そのままレシピの通り調理してください。

!　乾燥大豆ミートは、湯戻しすると約3倍に増えるので、鍋のサイズにゆとりをもたせてください。
　（例）乾燥ミンチタイプ／50g → 　湯戻し後／約150g

❶ 深めの鍋にたっぷりの湯をわかして乾燥大豆ミートを入れます。
[目安量] 大豆ミート50gに対して1と1/2カップ（300㎖）

❷ 3～5分弱火で温めます（約3倍量に戻ります）。

❸ ザルにあげて湯切りします。

❹ 湯戻しの完成です。調理によっては下味調理をこの段階で行ってください。

🫘 大豆の風味が気になる方は……

❸のあと、別のボウルに水を入れてやさしくもみ洗いし、余分な水気を手でしぼります。1～2回くりかえすと風味がやわらぎます。やわらかいのでやさしく扱ってください。

（ 電子レンジでも戻せます ）

PART2のつくりおきレシピでは、電子レンジで戻す方法を紹介しています。
湯戻し法と比べて大豆の風味が残ります。

【電子レンジでの注意点】
・電子レンジのオート機能は使わないでください（加熱しすぎ防止のため）。
・吹きこぼれやすいので、丼のような深めの耐熱容器を使ってください。
・取り出すときは、熱いので鍋つかみなどを使用してください。

\ 料理をおいしくして、かつ健康にもいい /
基本の材料

大豆ミート調理をするときに、調味料にも少しこだわることで、おいしさが引き立ち、
健康増進にもつながります。本書レシピで使う、こだわってほしい基本の調味料を紹介します。

天日塩
塩にはたんぱく質分解酵素を働かせる役目があり、大豆ミートのうま味を引き出し、ふっくら、やわらかくします。ミネラルやカリウムを含む海水が原料の天日塩を使って。精製塩は塩化ナトリウムが9割以上のため、うま味が違ってきます。

てんさい糖
別名「砂糖大根」と呼ばれる「てんさい」が原料。精白されていないものはサトウキビ原料の砂糖よりも、ビフィズス菌の餌になるオリゴ糖も含み、善玉菌を増やします。血糖値の上昇をゆるやかにする働きもあります。

なたね油
加熱に強く、揚げものもカリッと仕上がります。なたね油はリノール酸とオレイン酸が含まれ、コレステロール値を下げる働きも期待できる油です。

EXVオリーブ油
酸化しにくい油で、コレステロール値を下げるオレイン酸を豊富に含んでいます。品質のよいEXV（エクストラバージン）オリーブ油を使いましょう。

塩麹
本書では塩麹浸け大豆ミートの材料として使います。塩麹が大豆ミートをよりジューシーに、やわらかく、おいしくします。

本書レシピの大豆ミートについて

本書のレシピでは、**下味のついていない大豆ミートを使ってください。**
またわかりやすくするために章ごとにアイコンの説明を入れているので参考にしてください。

●PART1　下記のアイコンの場合

戻した状態の重量で表記しています。お使いの大豆ミートの状態によって分量をご確認ください（**乾燥タイプは戻すと約3倍になります**）。

例)
材料「大豆ミート・ミンチ（戻したもの）…60g」の場合

- 乾燥大豆ミート　　　　：20g →湯戻しして使う（p.10参照）
- レトルトパック大豆ミート：60g
- 冷凍大豆ミート　　　　：60g →料理によっては冷凍のまま、
　　　　　　　　　　　　　　　　または解凍して使う

●PART2、PART3　下記のアイコンの場合

乾燥のままレシピの通り、調理に進んでください。

坂東流大豆ミート活用法

冷蔵庫に常備しておけばいつでも使える浸け込みレシピや、
乾燥のまま使ったほうがおいしくなる目からウロコの裏技を紹介します。

❶ つくりおきレシピ3種

詳しくはPART2で紹介しています。

大豆ミートが味を吸う特徴を活かし、塩麹やオイルを組み合わせたつくりおきです。浸け込むことでうま味の相乗効果が生まれ、冷蔵保存もできて一石二鳥。いろいろな食べ方ができます。

塩麹浸け　➡作り方：p.52

● **メリット**

1. たんぱく質分解によりアミノ酸が生成され、あっさりした大豆ミートのうま味を引き出します。
2. さらにたんぱく質分解により大豆ミートの食感がやわらかくジューシーになります。

● **調理のポイント**

塩麹の塩気を含み、うま味が引き出されていることから、調理手順も調味料も少なくてすみます。焼きもの、炒めもの、炊き込みごはん、煮もの、揚げものなど、これひとつで幅広く使えます。
冷蔵保存で1週間保存可能。

塩麹浸け大豆ミート

肉じゃが

オイル浸け
➡作り方：
ハーブオイル浸け大豆ミート：p.56
香味オイル浸け大豆ミート：p.60

● **メリット**

1. ハーブや香辛料によって風味がアップし、そのままでもおいしく食べられます。
2. 風味が移ったオイル自体もおいしくなっているため調味料として使えます。揚げものや炒めものに活用してください。

● **調理のポイント**

そのままサラダや和えものでいただいたり、焼きもの、炒めもの、炊き込みごはん、揚げものなど。
冷蔵保存で1〜2週間保存可能。

ハーブオイル浸け大豆ミート

香味オイル浸け大豆ミート

ハーブオイル浸け大豆ミートと温野菜のバーニャカウダ

簡単！ ニラ餃子とキャベツ餃子

❷ 乾燥大豆ミート時短調理法

湯戻しをする代わりに、乾燥のまま調理する方法。冷蔵保存できるのでつくりおきにもなります。洋風、中華、エスニック料理にぜひ取り入れてください。

詳しくはPART3で紹介しています。

時短ドライカレー

時短ミートソース

時短麻婆ソース

時短ミートソース ➡作り方：p.68

● 調理のポイント
ひき肉と違い、野菜のうま味を吸わせることで大豆ミートのおいしさがアップするので根菜類やきのこ類をたっぷりつかって作りましょう。

● 食べ方
パスタやオムレツ、オーブン料理などに
冷蔵保存で5〜7日間保存可能。

時短麻婆ソース ➡作り方：p.68

● 調理のポイント
乾燥大豆ミートが戻る際に、調味からの風味がプラスされ、味にパンチが出ます。麻婆豆腐や酸辣湯に使えば、大豆ミートならではのおいしさが生まれます。

● 食べ方
麻婆豆腐、炒めもの、麺のトッピングなどに
冷蔵保存で5〜7日間保存可能。

時短ドライカレー ➡作り方：p.68

● 調理のポイント
乾燥大豆ミートが戻る際に、香辛料やトマトなどのうま味や風味を吸うので、味がしっかりとつきます。

● 食べ方
キーマカレー、ライスコロッケ、オーブン料理などに
冷蔵保存で5〜7日間保存可能。

---

❸ 大豆ミートをおいしくする下ごしらえ

詳しくはCOLUMN1、2で紹介しています。

大豆ミートの基本の扱いに慣れてきたら、戻すときに少し工夫することでさらにおいしさや風味を引き立てるワンランク上の方法があります。

- その❶ **だし汁で煮ながら戻す時短調理法**
- その❷ **お酒をプラス**すると食感も風味もアップ
- その❸ **和風アレンジ**で大豆ミートの風味を楽しむ
- その❹ お肉風メニューには**スパイスやハーブをプラスする**

Q & A

大豆ミートの疑問に答えます。

Q1 豆腐や納豆などとの違いは何ですか。

A1 豆腐や納豆などと同じように、大豆ミートも大豆加工食品のひとつです。大きな違いは、大豆は大豆油の原料となるほど脂質を多く含みますが（乾燥状態で重量の約20％）、大豆ミートは搾油してあるため**高たんぱくでありながら相当な低脂質になっている点**です。その上で脂質以外の大豆の成分（たんぱく質、ビタミン・ミネラル類、食物繊維、大豆イソフラボン・サポニン・レシチンなど）はそのまま。**大豆パワーがギュギュっとつまった食材**である点が嬉しい特徴です。

● 主な大豆加工食品一覧

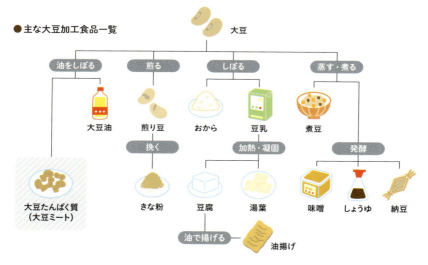

Q2 乾燥大豆ミートを鍋で湯戻ししているときに泡が立つのはなぜですか。取り除いたほうが良いですか。

A2 大豆に含まれる成分の**大豆サポニンが水に溶けだしたことによるもの**で、召し上がっても問題ありません。強火で煮ると一層泡立つので、湯に入れたら弱火にしてください。

Q3 保存のコツを教えてください。

A3 乾燥大豆ミートは、湯戻ししたあと、冷蔵または、冷凍しておくと便利です。1袋まるごと湯戻しして、小分けにしておくといいでしょう。**冷蔵保存で2〜3日間、冷凍保存で1か月ほどで使い切ってください。** 解凍は常温解凍か、急ぎのときはぬるま湯につけて戻しましょう。

SOY MEAT RECIPE

PART

1

基本の
大豆ミートレシピ

大豆ミートは、さまざまな調理法に向く食材。まずは基本の使い方に慣れましょう。炒めもの・焼きもの、揚げもの、煮もの・蒸しもの、和えもの・サラダ、常備菜、麺・ごはんまで調理別に紹介します。PART1では大豆ミートは戻したものを使っていますので、乾燥大豆ミートを使う場合は、p.10を参考に湯戻ししたもので調理してください。戻した状態のレトルトを使う場合は、レシピの通り調理を進めてください。

炒めもの・焼きもの

食感とうま味両方がやみつきになるおいしさ！

チンジャオロース

材料　2人分

- **大豆ミート・フィレ(戻したもの)** … 100g
- ピーマン … 2個　▶細切り
- たけのこ(水煮) … 60g　▶細切り
- 片栗粉 … 小さじ1
- しょうが・にんにくのみじん切り
  　… 各小さじ1/2
- ごま油 … 適量
- A
  - 酒 … 大さじ1
  - 塩・こしょう … 各少々
- B
  - オイスターソース … 大さじ1と1/2
  - しょうゆ・酒 … 各小さじ2
  - てんさい糖 … 小さじ2/3
  - 塩・こしょう … 各少々
  - ▶すべての材料をまぜる

作り方

1 大豆ミートに**A**をもみこみ余分な水気をしぼって片栗粉をまぶす ⓐ。

2 フライパンにごま油、しょうが、にんにくを熱して香りをだし、大豆ミートを1分炒めて取り出す。

3 たけのことピーマンを加えて炒め、**2**の大豆ミートを戻し入れてまぜ合わせた**B**を加えて炒め合わせる。

PART 1 — 基本の大豆ミートレシピ

具材の味がからまり、ごはんもすすみます

白菜の中華炒め

フィレ
戻し

材料　2人分

大豆ミート・フィレ
(戻したもの) … 100g
白菜 … 1/4玉 (300g)
　▶白い部分と葉を分けて
　　そぎ切り
にんじん … 1/3本 (50g)
　▶斜めそぎ切り
しいたけ … 3個
　▶石づきを取って2〜3
　　等分にそぎ切り
しょうが … 1かけ
　▶千切り
片栗粉 … 小さじ2
　(水溶き片栗粉用小さじ1を
　　分けておく)

ごま油 … 適量

A ┃ 酒 … 大さじ1
　 ┃ 塩・こしょう
　 ┃ 　… 各少々

B ┃ 水 … 1/4カップ
　 ┃ 酒・みりん
　 ┃ 　… 各大さじ1
　 ┃ 顆粒中華スープの
　 ┃ 　もと … 小さじ2
　 ┃ しょうゆ … 小さじ1

作り方

1 大豆ミートに**A**をもみこみ、余分な水気をしぼって片栗粉小さじ1をまぶす。

2 フライパンにごま油を熱して**1**を入れ、1分炒めて取り出す。

3 ごま油少々を追加してしょうがを加え、白菜の白い部分、にんじん、しいたけを加えて炒める。

4 白菜に火が通ったら**2**と**B**と白菜の葉を加えて全体を炒め、塩・こしょう(分量外)で味を整えて同量の水で溶いた水溶き片栗粉でとろみをつける。

SOY MEAT RECIPE

人気のアジア料理とも相性よし

タイ風　大豆ミートのカシューナッツ炒め

ブロック戻し

材料　2人分

- **大豆ミート・ブロック**
  （戻したもの）… 50g
- ピーマン… 1個
  ▶乱切り
- 赤パプリカ… 1/2個
  ▶乱切り
- 玉ねぎ… 1/4個 (50g)
  ▶乱切り
- ローストカシューナッツ
  （無塩）… 25g
- 生バジルの葉… 5枚
  （飾り用1〜2枚を分ける）
- 片栗粉… 小さじ1

A [
- 酒… 大さじ1/2
- なたね油… 小さじ1/2
- 塩・こしょう・
  コリアンダーパウダー
  … 各小さじ1/4
]

B [
- なたね油… 大さじ1
- 赤唐辛子… 1本
  ▶縦に割いて種を取る
- にんにく… 少々
  ▶みじん切り
]

C [
- オイスターソース・酒・
  しょうゆ・てんさい糖
  … 各小さじ1
  ▶すべての材料をまぜる
]

作り方

1 大豆ミートに**A**をもみこみ、余分な水気をしぼって片栗粉をまぶす。

2 フライパンに**B**を熱し香ったら、**1**を1分炒めて取り出す。

3 なたね油少々（分量外）を追加し玉ねぎ、パプリカ、ピーマンの順に炒めて塩・こしょう（分量外）で味を調える。

4 **2**とカシューナッツ、バジル、**C**を加えて炒める。赤唐辛子を取り除いて器に盛り、飾り用のバジルを散らす。

PART 1 ── 基本の大豆ミートレシピ　19

野菜のうま味をたっぷり吸わせたベジバーグ

ハンバーグ

ミンチ
戻し

材料 （1個90〜100g×4個分）

大豆ミート・ミンチ(戻したもの)
　… 200g
玉ねぎ … 1/4個（50g）　▶みじん切り
しいたけ … 3個　▶みじん切り
レンコン … 50g　▶すりおろす
パン粉 … 適量
なたね油 … 適量

A [顆粒コンソメ … 小さじ1
　　塩・てんさい糖 … 各小さじ1/2
　　ナツメグ … 小さじ1/4
　　こしょう … 少々]

B [パン粉 … 1/2カップ
　　片栗粉・薄力粉 … 各大さじ1]

ソース
[ウスターソース・ケチャップ
　　… 各大さじ2
　▶すべての材料をまぜる]

つけ合わせ
[プチトマト・ゆでたブロッコリー・
　サラダリーフ … 各適宜]

作り方

1 大豆ミートにAをもみこんで下味をつける。

2 フライパンになたね油を熱して、中弱火で玉ねぎとしいたけをじっくり炒め、塩ひとつまみ（分量外）をふる。

3 ボウルに**1**と**B**とレンコンを入れ、**2**が熱いうちに加えて ⓐ よく練り ⓑ 、4等分して小判形に成形する ⓒ 。全体にパン粉をまぶす。

4 フライパンになたね油を熱し、**3**を入れてフタをして5分蒸し焼きする。裏面も5分焼き、最後に強火にして両面をカリッと仕上げる。

5 つけ合わせと器に盛り、まぜ合わせたソースをかける。

POINT
・大豆ミートのハンバーグは温かいうちに材料をまぜるとレンコンの粘りがでて成形しやすい。
・フライパンで焼くときは1個あたり90〜100gの小ぶりサイズ ⓒ がおすすめ。少し大きめサイズで作りたいときは、中まで火を通すためオーブンで。全体に焼き色をつけてから200℃で10分ほど焼く。
・冷凍大豆ミートを使う場合は、常温に戻してから調理する。

ひき肉のように調理するだけのヘルシーオムレツ

ひき肉ポテトのオムレツ

ミンチ
戻し

材料　2人分

大豆ミート・ミンチ(戻したもの) … 80g
じゃがいも … 1個（150g）
　▶1cm角に切る
玉ねぎ … 1/2個（100g）　▶みじん切り
にんじん … 1/4本（40g）　▶みじん切り
溶き卵 … 2個分
バター … 大さじ1
しょうゆ … 小さじ1
つけ合わせ
　サラダリーフ … 適宜

作り方

1. じゃがいもは電子レンジに2分かける。

2. フライパンにバターを熱し、大豆ミート、玉ねぎ、にんじんを炒めて塩・こしょう（分量外）をふる。1のじゃがいもとしょうゆを加えて炒め合わせたら、一旦取り出す。

3. フライパンをペーパーでさっとふいてバター少々（分量外）を熱し、溶き卵を半量流し入れる。半熟状になったら2を半量のせて包む。残りも同様に焼き、器に盛り、つけ合わせと好みでケチャップを添える。

大人も子供も大好きな味

ポークケチャップ

材料　2人分

大豆ミート・フィレ（戻したもの） … 200g
玉ねぎ … 1/2個（100g）　▶くし形切り
マッシュルーム … 3個　▶薄切り
ケチャップ … 大さじ2
ウスターソース … 大さじ1
バター … 大さじ2
A［ケチャップ・酒 … 各大さじ1
　　薄力粉 … 小さじ2］

作り方

1 ビニール袋に**A**をまぜ合わせて大豆ミートを入れ、30分以上浸けておく。

2 フライパンにバターの半量を熱して**1**を広げる。片面に焼き色がついてきたらざっと裏返し、もう片面も焼いて一旦取り出す。

3 残りのバターを加えて玉ねぎ、マッシュルームの順に炒め、**2**を戻して塩・こしょう（分量外）で味を調え、ケチャップとウスターソースをかけて全体を合わせる。

> **POINT**
> 炒め過ぎると大豆ミートが細かくなるので、両面を焼いて最後にまぜる。

PART 1 ─ 基本の大豆ミートレシピ

揚げもの

これが大豆とは思えない?! 驚きのおいしさ!

唐揚げ

ブロック戻し

材料 2人分

<mark>大豆ミート・ブロック(戻したもの)</mark>
　…200g
片栗粉・薄力粉 … 各大さじ1
揚げ油 … 適量

A
- しょうゆ … 大さじ2
- しょうがのすりおろし … 大さじ1
- にんにくのすりおろし
  　… 小さじ1/2
- 和風だし … 小さじ1
- ▶すべての材料をビニール袋にまぜ合わせる

つけ合わせ
レタス・トレビス … 各適量

作り方

1. **A**に大豆ミートを入れてやさしくもみこみ **ⓐ**、余分な水気をしぼって片栗粉と薄力粉をまぶす。

2. フライパンに揚げ油を2cm分注ぎ、熱して、全体を揚げ焼きする **ⓑ**。

POINT
- 鍋底から2cm程度の油で片面ずつ揚げ焼きすると、よりヘルシーで後片付けも簡単に。
- しょうがのすりおろしを使うことで、大豆ミートの中心部まで味が浸みこんで風味がアップする。

PART 1 — 基本の大豆ミートレシピ　25

唐揚げのもうひとつの食べ方提案。マリネするだけ！

鶏南蛮浸け

材料　2人分

唐揚げ(作り方p.24) … 1/2量 (約100g)
玉ねぎ … 1/4個 (50g)　▶薄切り
にんじん … 1/4本 (40g)　▶細切り
かいわれ菜 … 1/3パック
A [しょうゆ・酢・てんさい糖
　　　… 各大さじ1と1/2
　　和風だし … 少々]

作り方

1. ボウルにAとすべての野菜をまぜ合わせる。
2. 揚げたての唐揚げを1へ入れ、5分ほどおいてなじませる。

大きめのフィレタイプで作るのがおすすめ

ひと口フィレカツ

フィレ
戻し

材料　2人分

大豆ミート・フィレ(戻したもの)
　…ひと口サイズ6枚
薄力粉 … 大さじ2
卵 … 1個　▶水大さじ1で溶く
パン粉 … 2カップ
揚げ油 … 適量

A [塩 … 小さじ1/2
　　ナツメグ・こしょう … 各少々
　　水 … 大さじ2
　　▶すべての材料をまぜる]

つけ合わせ

[キャベツ … 適量　▶千切り
　とんかつソース・ねり辛子 … 各適量]

作り方

1 ボウルにA、大豆ミートを入れてなじませ、余分な水気をやさしくさっとしぼる。

2 1に薄力粉をまぶし、溶き卵、パン粉の順に衣をつける。

3 フライパンに揚げ油を1cm入れて熱し、大豆ミートを揚げ焼きする。器に盛り、キャベツ、とんかつソース、ねり辛子を添える。

POINT
少し多めに作っておけばカツ丼などにアレンジも。

PART 1 ── 基本の大豆ミートレシピ

火の通りがいいからフライパンで揚げられる手軽さ

簡単揚げ春巻

フィレ戻し

材料　3本分

大豆ミート・フィレ(戻したもの) … 70g
　▶ひと口大サイズの場合は細切り
春巻きの皮 … 3枚
ニラ … 1/3束　▶3cm幅に切る
しいたけ … 1個　▶薄切り
もやし … 1/3袋
片栗粉 … 大さじ1
揚げ油 … 大さじ3

A[しょうゆ・みりん … 各小さじ1
　 ごま油 … 小さじ1/2
　 にんにくのすりおろし … 少々]

B[片栗粉 … 大さじ1/2
　 塩・こしょう … 各適量]

作り方

1 大豆ミートに**A**を加えてもみ込み、片栗粉をまぶす。

2 ボウルに**1**、ニラ、しいたけ、もやし、**B**を入れてよくまぜる。3等分して春巻きの皮に包み、巻き終わりを下にしてフライパンに並べる。

3 春巻きの上に揚げ油を回しかけて熱し、片面ずつ揚げ焼きする。器に盛り、好みで酢じょうゆやねり辛子を添える。

食べ応え満点！ 見た目も楽しんで

エビマヨ風

材料　2人分

大豆ミート・手羽先 (戻したもの)
　… 10枚
水菜 … 1/4把　▶5cm幅に切る
赤パプリカ … 1/4個　▶乱切り
片栗粉 … 大さじ1/2
揚げ油 … 適量

A [酒 … 大さじ1
　　塩・こしょう … 各少々]

B [中華風マスタードマヨソース
　　（作り方p.64）… 2/3量]

揚げ衣
[薄力粉・冷水 … 各1/3カップ
　▶よく溶く]

作り方

1 大豆ミートに**A**をもみこんで下味をつけ、片栗粉をはたく。

2 フライパンに揚げ油を1cmほど入れて熱し、**1**を揚げ衣につけながら入れて揚げ焼きする。両面がカリッとしてきたら取りだして熱いうちに**B**で和える。

3 フライパンに残った油でパプリカを素揚げし、**2**と合わせる。器に水菜を敷いて盛りつける。

POINT
酒で下処理することで大豆の臭みが消え、また、素材をやわらかくしてくれる。

煮もの・蒸しもの

二品が一度に作れるヘルシーなおかず

レンコン焼売ともやしナムル

ミンチ戻し

材料 12個分

焼売の皮 … 12枚
もやし … 1袋　▶ひげ根をとる
グリーンピース・コーン … 各6粒

A [
　大豆ミート・ミンチ（戻したもの）
　　… 60g
　レンコン … 100g
　　▶2/3をすりおろし、残りをみじん切り
　玉ねぎ … 1/4個（50g）　▶みじん切り
　しいたけ … 2個　▶みじん切り
　片栗粉 … 大さじ2
　しょうゆ・みりん・顆粒中華スープ
　のもと … 各小さじ1
]

ナムル調味料
[
　顆粒中華スープのもと・ごま油・
　白煎りごま … 各小さじ1
　▶すべての材料をまぜる
]

作り方

1 フライパンにもやしを敷き詰める。

2 ボウルにAをまぜ合わせてよく練って12等分する。焼売の皮に包んでグリーンピースとコーンをそれぞれ1粒ずつのせ、1の上に間隔をあけて置いていく。

3 なべ肌から水1/2カップ（分量外）を入れて ⓐ、フタをして火にかけ ⓑ、沸騰したら弱火で10分蒸す。

4 焼売を取り出して器に盛る。もやしの湯を切って、ナムル調味料と和えて添える。好みでしょうゆとねり辛子を添える。

> **POINT**
> 冷凍大豆ミートを使う場合は、常温に戻してから調理する。

PART 1 — 基本の大豆ミートレシピ 31

温かくても冷やしてもおいしい

なすのみぞれあんかけ

ミンチ戻し

材料 2人分

大豆ミート・ミンチ (戻したもの) … 30g
なす … 2本 ▶ 乱切り
青じそ … 3枚 ▶ 千切り
大根おろし … 大さじ2
水溶き片栗粉 … 適量 (片栗粉を同量の水で溶く)
揚げ油 … 適量

A
- だし汁 … 1/4カップ
- 淡口しょうゆ・みりん・酒 … 各大さじ1
- てんさい糖 … 小さじ1

作り方

1 小鍋に大豆ミートとAを入れて火にかけ、ひと煮立ちしたら水溶き片栗粉でとろみをつける。

2 なすを素揚げして器にのせる。1をかけて、大根おろしと青じそをのせる。

お酒のつまみにもおすすめ

もつみそ煮込み

もつ肉戻し

材料 2人分

大豆ミート・もつ肉（戻したもの）… 75g
大根 … 50g　▶いちょう切り
板こんにゃく … 1/4丁（50g）
　▶たたいてやわらかくし、ひと口大にちぎる
青ねぎ … 1/3本　▶小口切り
A
　豆みそ・てんさい糖 … 各大さじ1と1/2
　みりん … 大さじ1/2
　和風だし … 小さじ1
　水 … 1カップ
　▶すべての材料をまぜる
七味唐辛子 … 少々

作り方

1　フライパンになたね油（分量外）を熱して大豆ミートを炒め、水分が飛んできたら大根とこんにゃくも加えて炒める。

2　小鍋に1とAを入れ火にかけ、沸騰したら中弱火にし、ときどきまぜながら20分ほど煮込む。器に盛って青ねぎをのせ、七味唐辛子をふる。

ネバネバ食材に大豆ミートプラスで超ヘルシー

オクラとなめこのスープ

材料　2人分

大豆ミート・スライス(戻したもの) … 20g
　▶細切り
オクラ … 3本
　▶ガクをのぞいてひと口大に切る
なめこ … 1袋　▶流水でさっと洗う
塩 … ひとつまみ
A [だし汁 … 2カップ
　　しょうゆ・みりん … 各小さじ1]

作り方

1　鍋に大豆ミート、オクラ、**A**を入れて火にかける。

2　沸騰したらなめこを加えてひと煮立ちさせ、塩で味を調える。

食物繊維たっぷりで腸活にぴったり

わかめの中華スープ

材料　2人分

大豆ミート・スライス(戻したもの) … 20g
　▶細切り
乾燥わかめ … 3g　▶戻す
白ごま … 小さじ1
塩・こしょう … 各少々
A［　水 … 2カップ
　　酒・顆粒中華スープのもと
　　　… 各小さじ2　］

作り方

1　鍋に大豆ミートとAを入れて火にかける。ひと煮立ちさせたらわかめを加えて、塩・こしょうで味を整え、白ごまを加える。

和えもの・サラダ

生春巻き

さつまいものマヨサラダ

鶏ささみ感覚で野菜とともにそのまま巻いて食べて

生春巻き

フィレ戻し

材料 2人分

大豆ミート・フィレ(戻したもの)…40g
▶細切り
生春巻きの皮(ライスペーパー)…2枚
きゅうり…1/2本　▶千切り
にんじん…1/4本(40g)　▶千切り
水菜…1/4把　▶皮の幅に合わせて切る
青じそ…4枚(またはパクチーなら4枝)
チリソース(市販品)…適量

A [水…大さじ1
　　顆粒ブイヨン…小さじ1
　　塩・こしょう…各少々
　　▶すべての材料をまぜる]

作り方

1 大豆ミートにAをもみこんでしぼる。

2 生春巻きの皮をさっと水にくぐらせて青じそ2枚をのせ、全ての材料をのせて◎しっかり巻くⓑ。

3 4等分に切り、チリソースを添える。

POINT
一方の端から水菜の葉を出したままの形で巻くと動きが出る。

甘いポテサラ。大豆ミートと和えるだけ

さつまいものマヨサラダ

ブロック戻し

材料 2人分

大豆ミート・ブロック(戻したもの)…30g
▶手で細かくほぐす
さつまいも…1/2本(125g)
▶皮つきで2cm角に切って水にさらす
パセリ…少々　▶粗みじん切り

A [マヨネーズ…大さじ2
　　黒こしょう…適量]

作り方

1 さつまいもをゆでてザルにあげる。

2 ボウルに1と大豆ミート、Aを入れて全体を和え、パセリをふる。

POINT
大豆ミートはレトルトを使うと時短に。乾物を使う場合は熱湯に酒少々を加えて湯戻しするとふっくら仕上がる。

PART 1 — 基本の大豆ミートレシピ　37

主菜にもなるボリューミーなサラダ。オーロラソースで！

コブサラダ

ブロック
戻し

材料　2人分

唐揚げ(作り方p.24) … 1/2量 (約100g)
アボカド … 1/2個
　▶乱切りしてレモン汁をふる
ミニトマト … 4個　▶縦半分に切る
ブロッコリー … 1/2個
　▶小房に分けてゆでる
レタス … 4枚　▶食べやすい大きさにちぎる
ゆで卵 … 1個　▶縦4〜6等分に切る
甘酒オーロラソース(作り方p.64) … 適量

作り方

1. 器にレタスを敷いて具材をすべてのせる。ソースを添える。

レタスとしっかり味の肉みそ組み合わせは絶品!

レタスの肉みそサラダ

材料　2人分

ピリ辛肉みそ(作り方p.42)
　…1/2量(100g)
レタス…4枚
▶節からほぐし、外の葉は
　包みやすい大きさにちぎる
ミニトマト…4個　▶くし形切り
きゅうり…1/2本　▶3mmの角切り
かいわれ菜…1/4パック

作り方

1　レタスにピリ辛肉みそと野菜をのせて器に盛る。レタスで包んでいただく。

PART 1 ─ 基本の大豆ミートレシピ　39

キャベツの豆乳ごま和え

ほうれん草の梅肉のり和え

小松菜の辛子じょうゆ和え

大豆たんぱくがたっぷり！

キャベツの豆乳ごま和え

材料　2人分

大豆ミート・フィレ(戻したもの) … 30g
キャベツの葉 … 3枚
淡口しょうゆ(下味用) … 小さじ1/2
A [無調整豆乳、淡口しょうゆ、すり白ごま … 各小さじ2]

作り方

1　大豆ミートに淡口しょうゆ(下味用)をふってもみこみ、余分な水気をしぼって冷蔵庫で冷やす。

2　塩少々(分量外)を入れた湯でキャベツをゆで、冷ましたらざく切りして水気をしぼる。

3　1、2、Aを和えて器に盛る。

大豆の風味が際立つ食べ方

ほうれん草の梅肉のり和え

材料　2人分

大豆ミート・フィレ(戻したもの) … 30g
ほうれん草 … 1/2袋
　▶ゆでて水気をしぼり、冷ます
焼きのり … 全型1枚
A [めんつゆ(市販品) … 大さじ1/2
　　ねり梅 … 小さじ1]

作り方

1　ボウルにAをまぜ、大豆ミートをよくしぼって入れて和える。

2　ほうれん草を5cm幅に切って水気をしぼり、1へ入れ、のりをちぎりながら加えて全体を和える。

辛子の風味が食欲をそそる

小松菜の辛子じょうゆ和え

材料　2人分

大豆ミート・スライス(戻したもの) … 20g
　▶ひと口大にちぎる
小松菜 … 1/2袋
しょうゆ(下味用) … 小さじ1/3
白ごま … 少々
A [しょうゆ … 大さじ1と1/2
　　ねり辛子 … 小さじ1/2]

作り方

1　大豆ミートにしょうゆ(下味用)をもみこむ。

2　小松菜はゆでて5cm幅に切り、水気をしぼる。

3　ボウルにAをまぜ合わせて1と2を和え、器に盛って白ごまを散らす。

PART 1 ── 基本の大豆ミートレシピ　41

常備菜

きんぴら

ピリ辛肉みそ

青じそとまいたけの佃煮

あともう一品というときや、お弁当のおかずにも

きんぴら

小エビ
戻し

材料 作りやすい量

大豆ミート・
　小エビ(戻したもの)
　　… 50g
にんじん … 1/2本(75g)
▶千切り

ごま油 … 大さじ1
白煎りごま … 小さじ1
七味唐辛子 … 適量

A [しょうゆ・みりん・
　　てんさい糖
　　… 各大さじ1]

作り方

1 フライパンにごま油を熱して大豆ミートを炒める。油が回ったらにんじんを加えて炒める。

2 にんじんがしんなりしたらAと白煎りごまを入れ全体にからめ、七味唐辛子をふる。

ごはんのおともや、サラダや、坦々麺にもアレンジOK

ピリ辛肉みそ

ミンチ
戻し

材料 出来上がり量 約200g

大豆ミート・
　ミンチ(戻したもの)
　　… 150g
なたね油 … 大さじ1

A [米みそ … 大さじ2
　　みりん・酒 … 各大さじ3
　　砂糖 … 大さじ1
　　しょうゆ … 小さじ2
　　豆板醤 … 小さじ1/4
　　▶すべての材料をまぜる]

作り方

1 フライパンになたね油を熱して大豆ミートを入れ、ポロポロになるまで炒めて水分を飛ばす。Aを加えて炒め合わせる。

きのこのうま味をたっぷり吸わせて作ります

青じそとまいたけの佃煮

フィレ
戻し

材料 作りやすい量

大豆ミート・フィレ(戻したもの)
　… 50g
まいたけ … 1パック(100g)
なたね油 … 大さじ1
青じそ … 2枚　▶みじん切り

A [酒・しょうゆ・みりん・
　　てんさい糖 … 各大さじ1]

作り方

1 厚手の鍋(またはフタつきのフライパン)になたね油を熱し、大豆ミートとまいたけを入れてさっと炒め、塩少々(分量外)をふりフタをして弱火にする。

2 まいたけから水分が出てきたらAを入れて全体をまぜる。ひと煮立ちしたら弱火で4〜5分かけてじっくり煮詰めて火を止める。

3 仕上げに青じそを加えて全体をまぜる。

PART 1 — 基本の大豆ミートレシピ　43

麺・ごはん

ピリ辛肉みそをからめて召し上がれ

ジャージャー麺

材料　2人分

中華麺…2玉
ピリ辛肉みそ(作り方p.42)
　…1/2量（約100g）
きゅうり…1本　▶千切り
糸切り唐辛子…適量

作り方

1 中華麺を表示時間どおりにゆでて、流水で洗う。

2 器に盛り、きゅうり、肉みそ、糸切り唐辛子の順にのせて、まぜながらいただく。

POINT
クミンパウダーや四川山椒などのスパイスをふってアレンジしてもおいしい。

小エビタイプはかき揚げにもピッタリ！

かき揚げ蕎麦

小エビ戻し

材料　2人分

そば … 2束
大豆ミート・小エビ(戻したもの)
　… 30g
にんじん … 1/4本 (40g) ▶千切り
三つ葉 … 1/2束　▶3cm幅に切る
打ち粉 (薄力粉) … 大さじ2
冷水 … 大さじ1/2〜
しょうゆ … 小さじ1
そば用つゆ (市販品) … 2カップ
揚げ油 … 適量

作り方

1 大豆ミートにしょうゆをもみこんでボウルへ入れ、にんじん、三つ葉を加えてまぜる。打ち粉をふるい入れて全体にからむようにざっとまぜ合わせる。まとまりが悪ければ冷水を加えてまとめる。

2 揚げ油を180℃に熱し、**1**を4等分して穴あきお玉などで入れ、かき揚げにする。

3 そばをゆでて器に盛り、温めたそばつゆを注いで**2**をのせる。

POINT
具材の水分と打ち粉で揚げ衣にするので、サクッと軽く仕上がりやすい

すりおろした根菜と炊き込むのがポイント

根菜の炊き込みごはん

材料　2人分

大豆ミート・スライス(戻したもの)
　…30g　▶千切り
米…1合
ゴボウ…1/4本(40g)　▶すりおろす
にんじん…1/4本(40g)　▶すりおろす
レンコン…45g　▶すりおろす
三つ葉…適宜
A ┌ 水…110ml
　├ 無調整豆乳…1/4カップ
　├ 酒…大さじ1
　├ しょうゆ…大さじ1/2
　└ 塩…小さじ1/4

作り方

1 米をといでザルにあげ30分ほどおく。

2 炊飯器に1とAを入れてまぜ、レンコン、にんじん、ごぼうをのせて平らにならし、通常どおり炊飯する。

3 炊き上がったら全体をまぜ合わせ、三つ葉をのせる。

PART 1 ─ 基本の大豆ミートレシピ　47

肉をがっつり食べたいときでも大豆ミートならギルトフリー

豚バラ丼風　温玉のせ

バラ肉戻し

材料　2人分

大豆ミート・バラ肉
　(戻したもの) … 150g
ごはん … 丼2杯分
ごま油 … 大さじ1

A ［ 水 … 1/2カップ
　　和風だし … 小さじ1
　　こしょう … 少々
　　▶すべての材料をまぜる ］

B ［ しょうゆ・酒・みりん・
　　てんさい糖
　　　… 各大さじ1
　　コチュジャン
　　　… 大さじ1/2
　　にんにくのすりおろし
　　　… 少々
　　▶すべての材料をまぜる ］

トッピング
［ キャベツ … 1/8玉
　　▶千切り
　温泉卵 … 2個 ］

作り方

1. 大豆ミートは**A**に10分ほどひたす。

2. **1**の水気をしぼり、フライパンにごま油を熱して両面を焼く。焼き色がついたら**B**を加えて全体にからめ、ごま油(分量外)少々を回しかけて火を止める。

3. 丼にごはんを盛ってキャベツと**2**をのせ、フライパンに残ったタレをかける。好みで温泉卵をのせる。

お弁当にもおすすめ

チキンライス風

ブロック戻し

材料　2人分

白米 … 1合
大豆ミート・ブロック(戻したもの) … 50g
玉ねぎ … 1/4個(50g)　▶みじん切り
ミックスベジタブル … 50g
バター … 大さじ1/2

A[ケチャップ … 大さじ2
　　顆粒コンソメ … 小さじ1

作り方

1 米をといでザルにあげる。

2 大豆ミートの水気をしぼって1.5〜2cmくらいの大きさにちぎる。

3 炊飯器に**1**の米と**A**を入れ、目盛りまで水を入れて一旦まぜる。その上に**2**、玉ねぎ、ミックスベジタブルをのせて平らにならし、炊飯する。

4 炊きあがったらバターを入れて全体をまぜる。

COLUMN 1

大豆ミートをおいしくする下ごしらえ①
乾燥タイプの戻し方の裏技

乾燥大豆ミートは、長期保存もでき便利ですが、戻す手間が必要です。
でもその戻す手間をおいしさアップの工程にする裏技をご紹介しましょう。

その1　だし汁で煮ながら戻す ➡ 時短調理にも！

乾燥大豆ミートを戻すときは、基本はお湯で戻しますが、だし汁を使うと味を吸収しながら戻ります。料理によってはそのまま調理してもおいしく仕上がるので、下味をつける手間が省け時短調理になります。

和風料理には鰹節や昆布、煮干しでとるだし汁や、手軽な和風だし、洋風料理には顆粒コンソメやブイヨン、中華料理には鶏がらスープや中華スープのもとなど、工夫して使い分けてみてください。

その2　お酒をプラスすれば、やわらか食感&大豆臭さもなし！

弾力があって食べ応えのある大豆ミートは、料理によってはやわらかい食感が合うときもあります。戻す際のお湯500mlに対して酒大さじ1程度を入れて煮戻すとふっくらやわらかく戻るので、豚バラ丼風　温玉のせ（p.48）やしょうが焼きなどにおすすめです。また大豆の風味をおさえる効果もあるので、サラダ（p.36）や和えもの（p.40）など、湯戻してそのまま食べるときにもおすすめです。料理に見合った下ごしらえをすることで仕上がりに差がつき、おいしい大豆ミート料理が楽しめます。

SOY MEAT RECIPE

PART

2

常備菜にも！
つくりおきレシピ

PART2では、坂東オリジナルの、保存もきく大豆
ミートのつくりおきレシピ3種（①塩麹漬け大豆ミー
ト、②ハーブオイル漬け大豆ミート、③香味オイル漬
け大豆ミート）を紹介します。作るのも簡単で、冷蔵
庫に常備しておけば、すぐにいろいろな献立に使え
たり、そのまま食べてもOKと万能に使えますよ！

塩麴浸け大豆ミート

塩麴に浸け込むだけでうま味が凝縮。
保存もきくので様々な調理法に応用できます。
調理に合わせて、大豆ミートの形状タイプも選びましょう。

ブロック 乾燥 / フィレ 乾燥

材料 でき上がり量 約180g
（密閉容器約300ml分）

大豆ミート（乾燥）… 50g
水 … 1/2カップ
塩麴 … 大さじ3
しょうがのすりおろし … 小さじ1

作り方

1. 深めの耐熱容器に大豆ミートと水を入れて全体をまぜ、ラップをせずに電子レンジに2分かける。

2. 粗熱が取れたらビニール袋に入れて塩麴としょうがのすりおろし加えてもみこみ a 、冷めたら冷蔵庫で保存して1時間以上おく。

※密閉容器で冷蔵保存1週間保存可能。

焼き鳥感覚で、香ばしく焼いて召し上がれ！

塩麹浸け大豆ミート焼き わさびじょうゆ添え

塩麹浸け
大豆ミートアレンジ

材料（2人分）

塩麹浸け大豆ミート（作り方p.52）
　…1/2量（約90g）
なたね油…大さじ1
しょうゆ・わさび…各適量
つけ合わせ
　木の芽…適量

作り方

1. フライパンになたね油を熱して、塩麹浸け大豆ミートに少し焦げ目がつくまで全体を焼く。
2. 器に盛り、わさびとしょうゆを添える。

> **POINT**
> わさびじょうゆは柚子胡椒、山椒、七味唐辛子に代えてもおいしい。

PART 2 ── 常備菜にも！つくりおきレシピ

さっと炒めるだけなのに、味がきまります

ピーマンと塩麴漬け大豆ミートの炒めもの

塩麴浸け
大豆ミートアレンジ

ブロック 乾燥 / フィレ 乾燥

材料 （2人分）

塩麴浸け大豆ミート（作り方p.52）
　…1/2量（約90g）
ピーマン…2個　▶乱切り
にんじん…1/3本（50g）　▶短冊切り
なたね油…大さじ1
塩・こしょう…各適量

作り方

1. フライパンになたね油を熱して、塩麴浸け大豆ミートとにんじんを炒める。さらにピーマンを加えて炒め、塩・こしょうで味を調える。

POINT
好みの野菜やきのこ類と炒めても◎。オイスターソースを少々加えてもおいしい。

大豆ミートと野菜のうま味を楽しんで

肉じゃが

塩麹浸け
大豆ミートアレンジ

材料 2人分

塩麹浸け大豆ミート(作り方p.52)
　… 1/2量 (約90g)
じゃがいも … 1個 (150g)
　▶6等分に切る
玉ねぎ … 1/2個 (100g)　▶くし形切り
にんじん … 1/2本 (75g)　▶乱切り
きぬさや … 4個　▶筋をとる
なたね油 … 小さじ2

A ┃ だし汁 … 1カップ
　 ┃ 酒・みりん … 各大さじ2
　 ┃ しょうゆ … 大さじ1
　 ┃ てんさい糖 … 大さじ1/2

作り方

1. 鍋になたね油を熱し、玉ねぎ、にんじん、じゃがいもを炒める。

2. 塩麹浸け大豆ミートと**A**を加えて強火にし、沸騰したら全体をまぜ合わせて、フタをして弱火で10〜15分煮る。

3. じゃがいもに串が通ったら火を止めて、きぬさやを加え、全体をまぜて余熱で火を通す。

> **POINT**
> 大豆ミートについた塩麹は、取り除かず煮込むと煮上がりもよくなる。

ハーブオイル浸け大豆ミート

大豆ミートをオイル浸けにすることで、ふっくらしっとり食感に。
そのまま食べたり、和えたりするほか、調理にも向いています。
大豆ミートはフィレやブロックタイプがおすすめ。

材料 でき上がり量 約180g
（密閉容器約300ml分）

大豆ミート(乾燥) … 50g
水 … 1カップ
塩 … 小さじ1
オリーブ油 … 120～150ml
好みのドライハーブ … 小さじ2
にんにくのすりおろし … 小さじ1/2

作り方

1 深めの耐熱容器に大豆ミートと水と塩を入れて全体をまぜ、ラップをせずに電子レンジに2分かける。

2 ザルにあげて水気を切り、密閉容器に詰めてハーブとにんにくを入れ、大豆ミートがかぶるまでオリーブ油を回しかける。冷めたら冷蔵庫で保存して1時間以上おく。

※密閉容器で冷蔵保存1～2週間可能。

POINT
ドライハーブはバジル、オレガノ、ローズマリーなどがおすすめ。1種類でもミックスしても。

シンプルながら絶品のおいしさ

水菜ときのこのペペロンチーノ

ハーブオイル浸け
大豆ミートアレンジ

ブロック乾燥 / フィレ乾燥

材料　2人分

**ハーブオイル浸け大豆ミート
(作り方p.56)** … 10切れ(50g)
スパゲッティ … 160g
浸けオイル … 大さじ1
しめじ … 1パック(100g) ▶小房に分ける
水菜 … 1/2把 ▶ざく切り
赤唐辛子 … 1本
　▶縦半分に割いて種を取る
顆粒コンソメ … 小さじ1/2

作り方

1 スパゲッティを塩(分量外)を入れたお湯でゆでる。

2 フライパンに浸けオイルと赤唐辛子を入れて熱し、香りが出たらハーブオイル浸け大豆ミートとしめじを炒める。

3 2にゆで上がった1、ゆで汁大さじ2、顆粒コンソメを加えて炒めて火を止め、水菜も加えて器に盛る。

PART 2 ── 常備菜にも！つくりおきレシピ　57

ハーブチキン感覚でぱくぱく食べられる！

ハーブオイル浸け大豆ミートと温野菜のバーニャカウダ

ハーブオイル浸け大豆ミートアレンジ
- ブロック 乾燥
- フィレ 乾燥

材料　2人分

ハーブオイル浸け大豆ミート
　(作り方p.56) … 30g
小かぶ … 1個　▶くし形切り
さつまいも … 1/2本(125g)　▶5mm厚さに切る
ブロッコリー … 1/2株　▶小房に分ける
かぼちゃ … 1/8個　▶ひと口大に切る
バゲット … 2切れ　▶ひと口大に切る
A [浸けオイル・牛乳 … 各大さじ1
　　みそ … 大さじ2/3

作り方

1 フライパンを熱してハーブオイル浸け大豆ミートを焼き、野菜をそれぞれ蒸すかゆでる。バゲットはトースターで焼く。

2 耐熱ココットにAをまぜ合わせる。ラップをせずに電子レンジで20秒温めて盛りつけ用のボードなどにのせ、その周りに1を並べる。

※熱し過ぎを防ぐため、電子レンジのオート機能は使わないでください。

浸けオイルも活用。簡単！ 和えるだけ

トマトとバジルのマリネサラダ

ハーブオイル浸け
大豆ミートアレンジ

ブロック乾燥 / フィレ乾燥

材料　2人分

ハーブオイル浸け大豆ミート
(作り方p.56) … 8切れ(40g)
浸けオイル … 大さじ1/2
トマト … 1/2個　▶くし形切り
生バジルの葉 … 4枚
粉チーズ … 適量

作り方

1 ボウルに粉チーズ以外のすべての材料を入れて全体を和え、器に盛って粉チーズをふる。

PART 2 — 常備菜にも！つくりおきレシピ

香味オイル浸け大豆ミート

中華風レシピに使えて、そのまま食べたり、調理したり和えたりと万能。
下味がしっかりとついているので、調味の手間入らず。
大豆ミートはミンチやフィレタイプがおすすめ。

ミンチ
乾燥

材料　でき上がり量　約180g
（密閉容器約300ml分）

大豆ミート(乾燥) … 50g
水 … 1カップ
ごま油 … 120〜150ml
赤唐辛子 … 2本　▶種を取り除く
A ┃ しょうがのすりおろし・
　 ┃ にんにくのすりおろし・塩
　 ┃ … 各小さじ1

作り方

1 深めの耐熱容器に大豆ミートと水とAを入れて全体をまぜ、ラップをせずに電子レンジで2分加熱する。

2 ザルにあげて水気を切り密閉容器に詰め、赤唐辛子と、大豆ミートがかぶるまでごま油を回しかける。冷めたら冷蔵庫で保存して1時間以上おく。

※密閉容器で冷蔵保存1〜2週間保存可能。

POINT
風味が移った浸けオイルも調理に使って。隠し味や、炒めもの用油に使うと味が決まる。

刻んだ野菜と合わせるだけ！

簡単！ニラ餃子とキャベツ餃子

香味オイル浸け
大豆ミートアレンジ

ミンチ
乾燥

材料　12個分

餃子の皮 … 12枚
水 … 1/4カップ
なたね油 … 大さじ1
酢・しょうゆ … 各適量

〈ニラ餃子〉
香味オイル浸け
　大豆ミート(作り方p.60)
　　… 大さじ3（浸け油を切る）
ニラ … 1/3束
片栗粉 … 大さじ1/2

〈キャベツ餃子〉
香味オイル浸け
　大豆ミート(作り方p.60)
　　… 大さじ3（浸け油を切る）
キャベツ … 1/8玉
　▶みじん切りして塩少々
　　ふって水気をしぼる
片栗粉 … 大さじ1/2

作り方

1 ニラ餃子、キャベツ餃子の材料をそれぞれボウルに合わせて餃子の皮に6個ずつ包む。

2 フライパンになたね油を熱して餃子を並べ、1分焼いたら水を回しかけてフタをし、3分蒸し焼きする。

3 フタをとり強火にして水分を飛ばす。器に盛り、酢、しょうゆなどを添えていただく。

あったかごはんに混ぜるだけ

中華風まぜごはん

香味オイル浸け
大豆ミートアレンジ

ミンチ
乾燥

材料　2人分

ごはん … 茶碗2杯分
香味オイル浸け大豆ミート
(作り方p.60) … 大さじ2
にんじん … 1cm（10g）　▶**千切り**
刻みねぎ … 大さじ2

作り方

1　にんじんをゆでる。

2　炊きあがったごはんにすべての材料を加えてまぜ合わせる。

冷やしてもおいしい

きゅうりの中華和え

香味オイル浸け
大豆ミートアレンジ

ミンチ
乾燥

材料　2人分

香味オイル浸け大豆ミート
　(作り方p.60) … 大さじ2
きゅうり … 1本　▶千切り
酢 … 小さじ1
塩 … 小さじ1/2
白煎りごま … 少々

作り方

1. きゅうりに塩をふってもみこみ、でてきた水気を切る。
2. 香味オイル浸け大豆ミートと酢を加えてまぜ合わせ、白煎りごまを散らす。

大豆ミートに合う
たれ・ディップソース

マヨネーズを使わないヘルシーなオーロラソース

甘酒オーロラソース

材料　2人分
甘酒・ケチャップ … 各大さじ1
豆乳 … 大さじ½
レモン汁 … 小さじ½
塩・こしょう・にんにくのすりおろし … 各少々

作り方
1　すべての材料をまぜる。

ディップしたり、大豆ミートの天ぷらにからめてエビマヨ風にも

中華風マスタードマヨソース

材料　2〜3人分
マヨネーズ … 大さじ2
はちみつ … 大さじ1
粒なしマスタード … 小さじ2
顆粒中華スープのもと・ごま油 … 各小さじ⅓

作り方
1　すべての材料をまぜる。

ゆでたての大豆ミートにつけたり、野菜の和えものに

柚子胡椒ポン酢

材料　2人分
ポン酢 … 大さじ1
柚子胡椒 … 小さじ½

作り方
1　すべての材料をまぜる。

甘酒オーロラソース

中華風マスタードマヨソース

柚子胡椒ポン酢

COLUMN 2

大豆ミートをおいしくする下ごしらえ②
気になる"大豆臭さ"は調味次第！

"大豆ミートは臭みをとるべき"と考えられてきましたが、実は"臭み"ではなく"風味"の問題なのです。調味の仕方を工夫することで料理の幅がぐんと広がります。

その3　和風アレンジで大豆ミートの風味を引き立てて！

納豆や豆腐にしょうゆやわさびを添えるように、大豆の風味は和風調味料との相性がよく、味が引き立ちます。大豆ミートをシンプルに味わうときにもおすすめです。是非試してください。

- 豆乳＋しょうゆ＋ごま
  （例）キャベツの豆乳ごま和え　（p.40）
- しょうゆ＋わさび
  （例）塩麹漬け大豆ミート焼き
  わさびじょうゆ添え（p.53）
- 梅＋めんつゆ
  （例）ほうれん草の梅肉のり和え（p.40）
- 梅＋青じそ　（例）梅しそミルフィーユカツ

POINT　大豆以外にいろいろな原料が使われている大豆ミートは別ですが、大豆100％原料の大豆ミートはよく味わうと大豆の甘い香りと味が楽しめます。

その4　お肉風メニューにはスパイスやハーブをプラス

お肉感覚で調理する場合は、肉料理に使うスパイス、ハーブ、調味料を使うと大豆の風味が邪魔にならずおいしく食べられます。肉や魚に下味をつける感覚で調味するのがポイント。

- ハンバーグなどの肉料理風→こしょう、ナツメグ
  （例）ハンバーグ（p.20）、ひと口フィレカツ（p.27）
- イタリアンやフレンチ　→バジル、ローズマリーなどのハーブ類
  （例）マリネサラダ、香草パン粉焼き
- 中華料理→唐辛子、豆板醤、四川山椒など　（例）麻婆豆腐、坦々麺
- エスニック料理→クミン、コリアンダーなど　（例）パクチー肉サラダ、ガパオ、カレー

66　SOY MEAT RECIPE

SOY MEAT RECIPE

PART
3

乾物活用！
時短レシピ

PART3では、乾物を調理しながら戻す時短レシピ
3種（時短ミートソース、時短麻婆ソース、時短ドライ
カレー）を紹介します。見た目はどれも肉料理そのも
の！　アレンジがきき、活躍頻度大なので、こちらも
常備していろいろな料理に活用してください。

乾物のまま入れるだけ！
時短レシピ

時短ドライカレー
エスニック料理全般に使えます

時短麻婆ソース
中華料理全般に使えます

洋風料理全般に使えます
時短ミートソース

時短ミートソース

すべて ミンチ 乾燥

材料　出来上がり量　約400g（ミートパスタ約4人分）

大豆ミート・ミンチ（乾燥）
　…50g
玉ねぎ…1/4個（50g）
　▶みじん切り
にんじん…1/3本（50g）
　▶みじん切り
まいたけ…1/2パック（50g）
　▶みじん切り

オリーブ油…小さじ2
A ┃ トマト水煮缶
　 ┃ 　…1缶（300g）
　 ┃ 水…3/4カップ
　 ┃ 顆粒コンソメ・てんさい糖
　 ┃ 　…各小さじ2
　 ┃ ローリエ…1枚

作り方

1 鍋にオリーブ油を熱し、野菜を1分炒めて、塩・こしょう（分量外）をふる。

2 Aと大豆ミートを加えてまぜ、ひと煮立ちさせる。フタをして弱火で5分煮たら、ローリエを取り出す。

時短麻婆ソース

材料　出来上がり量　約400g（麻婆豆腐約4人分）

大豆ミート・ミンチ（乾燥）
　…50g
白ねぎ…2本（100g）
　▶みじん切り
しいたけ…4個　▶みじん切り
A ┃ にんにくのみじん切り・
　 ┃ しょうがのみじん切り、
　 ┃ 豆板醤…各小さじ1/2
ごま油…大さじ1/2

水溶き片栗粉
　…片栗粉小さじ1を
　同量の水で溶く
B ┃ 顆粒中華スープの
　 ┃ 　もと…小さじ2
　 ┃ 米みそ・しょう油・
　 ┃ てんさい糖
　 ┃ 　…各小さじ1
　 ┃ 酒…大さじ1
　 ┃ 水…2カップ

作り方

1 鍋にごま油、Aを入れて熱し、香りが出たら白ねぎとしいたけを加えて2分程じっくり炒める。

2 B、大豆ミートを加えてまぜ、ひと煮立ちさせる。フタをして弱火で5分煮たら水溶き片栗粉を加えてとろみをつける。

時短ドライカレー

材料　出来上がり量　約400g（キーマカレー約4人分）

大豆ミート・ミンチ（乾燥）
　…50g
にんじん…1/3本（50g）
玉ねぎ…1/4個（50g）
にんにくのみじん切り・
しょうがのみじん切り
　…各小さじ1/2

なたね油…大さじ1/2
A ┃ トマト水煮缶
　 ┃ 　…1缶（300g）
　 ┃ カレールー（市販品）
　 ┃ 　…40g（約2かけ）
　 ┃ 　▶刻む
　 ┃ 酒…大さじ1
　 ┃ 水…3/4カップ

作り方

1 鍋になたね油、にんにく、しょうがを入れて熱し、香りが出たら野菜を1分炒めて塩・こしょう（分量外）をふる。

2 Aと大豆ミートを加えてまぜ、ひと煮立ちさせたら弱火にし、まぜながら5分煮る。

PART 3 ── 乾物活用！ 時短レシピ　69

時短ミートソースアレンジ

見た目は肉でも食物繊維たっぷりのヘルシーパスタ

きのこのミートパスタ

材料　2人分

時短ミートソース(作り方p.69)
　…1/2量(200g)
スパゲッティ…160g
しめじ…1パック(100g)　▶小房に分ける
しいたけ…4枚　▶ひと口大に切る
オリーブ油…小さじ2
粉チーズ…適量

作り方

1 鍋に湯を沸騰させ、塩(分量外)、スパゲッティを入れて表示通りの時間ゆでる。

2 フライパンにオリーブ油を熱してきのこ類を炒め、時短ミートソースを加えまぜながら温める。

3 器にゆで上がったスパゲッティを盛りつけて**2**をかけ、粉チーズをふる。

時短ミートソースアレンジ

かぼちゃ、ブロッコリーなど好みの野菜で試して

なすのミート焼き

材料　2人分

時短ミートソース（作り方p.69）
　… 1/2量（200g）
なす … 中1本　▶5mm厚さに切る
じゃがいも … 1個（150g）
　▶2〜3mm厚さに切る
オリーブ油 … 小さじ2
塩・こしょう … 各少々
ピザ用チーズ … 適量
生バジルの葉 … 適量

作り方

1 フライパンにオリーブ油を熱してじゃがいもとなすを入れ、じゃがいもに火が通るまでソテーし、塩・こしょうをふる。

2 耐熱容器にミートソースを入れてふんわりとラップをし、電子レンジで1分半加熱する。

3 耐熱皿に2の1/3量を敷き、1をならべて2の残りをかけ、ピザ用チーズをのせてオーブントースターでこんがりと焦げ目がつくまで焼き上げる。好みでバジルの葉を散らす。

PART 3 ── 乾物活用！ 時短レシピ　71

時短麻婆ソースアレンジ

好みの野菜と炒め合わせるだけ。調味いらず

たけのことキャベツの麻婆炒め

材料　2人分

時短麻婆ソース(作り方p.69)
　…1/2量(200g)
たけのこ(水煮)…1/2本(100g)
　▶くし形切り
キャベツ…1/8個　▶ざく切り
糸切り唐辛子…適量
A [酒・水…各大さじ2

作り方

1. フライパンにたけのことキャベツを並べてAをふりかけ、フタをして2〜3分蒸し焼きする。

2. 時短麻婆ソースを加えて炒め、器に盛り、糸切り唐辛子をのせる。

> 時短麻婆ソースアレンジ

人気の酸辣湯もお手軽に。トマトでさっぱりとヘルシーに

トマトの酸辣湯麺(サンラータン)

ミンチ
乾燥

材料　2人分

中華麺…2玉
トマト…1個(200g) ▶乱切り
溶き卵…1個分
かいわれ菜…1/2パック

A ┃ **時短麻婆ソース(作り方p.69)**
　　…1/2量(200g)
　　しょうゆ…大さじ2
　　みりん…大さじ1
　　水…1と1/2カップ

酢…大さじ1
ごま油…大さじ1/2
ラー油…適量

作り方

1 ステンレスかホーローの鍋にごま油を熱し、トマトを1分ほど炒めたらAを加えてひと煮立ちさせる。

2 溶き卵を加えてざっとかきまぜ、酢を加えて火を止める。

3 中華麺を表示通りの時間ゆでてザルにあげ、器に盛り、2をかけてかいわれ菜をのせる。好みでラー油をかける。

> **POINT**
> 酸味が好きな方は食べるときに酢の量をプラスして。

PART 3 —— 乾物活用！ 時短レシピ

時短ドライカレーアレンジ

時短ドライカレーさえあれば、すぐできる

キーマカレー

材料　2人分

時短ドライカレー(作り方p.69)
　…1/2量(200g)
なす…1本　▶1.5cmの角切り
ごはん…丼2杯分
オリーブ油…大さじ1

作り方

1. フライパンにオリーブ油を熱してなすを炒め、塩・こしょう(分量外)をふる。
2. 時短ドライカレーを加えてまぜながら温め、器にごはんとともに盛る。

時短ドライカレーアレンジ

あつあつを召し上がれ

パプリカのカレードリア詰め

ミンチ
乾燥

材料　2人分

時短ドライカレー(作り方p.69)
　…1/2量(200g)
黄パプリカ…2個
　▶縦半分に切って種とワタを取る
温かいごはん…茶碗2杯分
ピザ用チーズ…大さじ8
バター…大さじ2
パセリ・パン粉…各少々

作り方

1 ごはんは温かいうちにバターとパセリを加えてまぜ合わせる。耐熱容器に時短ドライカレーを入れてふんわりとラップをし、電子レンジで1分加熱する。

2 ごはん、時短ドライカレーの順にパプリカに詰め、ピザ用チーズをのせてパン粉をふる。

3 230℃に予熱したオーブンでチーズがとろける程度まで10分ほど焼く(トースターの場合は焼き色がつくまで焼く)。

PART 3 ── 乾物活用！時短レシピ　75

スイーツ

大豆の香ばしさがたまらない！

揚げないかりんとう

ミンチ
乾燥

材料　2人分

大豆ミート・ミンチ(乾燥) … 20g
てんさい糖 … 大さじ1と1/2
なたね油 … 大さじ1
黒煎りごま … 小さじ1/2

作り方

1 小鍋に黒煎りごま以外の材料を入れて中火にかけ、木べらでまぜながらてんさい糖を溶かす。

2 ぐつぐつと小さな泡がたってきたら黒煎りごまを加えてまぜ、火を止めて耐熱容器に広げて冷ます ⓐ （熱いので気を付ける）。

3 10〜15分ほど冷ましたら食べやすい大きさに割る。

ビスケット代わりに大豆ミートでカロリー控えめ

ティラミス

ミンチ
乾燥

材料　直径5〜7cm・高さ2cm程度の器2つ分

大豆ミート・ミンチ(乾燥) … 10g

A ┃ インスタントコーヒー・
　 ┃ 　てんさい糖 … 各大さじ1
　 ┃ 水 … 25mℓ

ラム酒 … 小さじ1

ココア … 適量

B ┃ きぬごし豆腐 … 150g
　 ┃ 　▶水切りする
　 ┃ クリームチーズ … 80g
　 ┃ メープルシロップ … 大さじ2
　 ┃ レモン汁 … 小さじ1

つけ合わせ

　 ┃ ミントの葉 … 適量

作り方

1 深めの耐熱容器に大豆ミートとAを入れて混ぜ ⓐ、ラップをせずに電子レンジで1分半加熱する ⓑ。ラム酒をまぜて冷やす。

2 Bをハンドブレンダーまたはミキサーにかけてなめらかにする。器に1を敷きつめた上にのせてヘラで平らにならし、冷蔵庫で冷やす。

3 食べる直前にココアをふり、ミントを飾る。

PART 3 — 乾物活用！ 時短レシピ　77

COLUMN
3

坂東が視察してきました！
大豆ミート先進国、上海・台湾リポート

同じアジア圏で大豆ミート料理が市民権を得ていて、
街角でも気軽に食らべれるのが上海や台湾です。
私が旅先で食べ歩いたお店やローカルスーパーの様子をご紹介します。

SHANGHAI

ハイセンスな人々から支持される「上海精進料理」

めざましい経済発展を遂げた中国の大都市・上海では、大豆ミートや野菜などの植物性食材で構成される精進料理は「おしゃれで健康的な食スタイル」として受け入れられているようです。2017年度版の上海ミシュランで星を獲得した高級精進料理店もあるほどです。

現地では百貨店や高層ビルが立ち並ぶ上海中心部にある自然派志向の店「棗子樹（ザオズシュー）」でランチを。創意工夫がされた料理はどれもおいしかったです。場所柄なのか店内にはマダムや若い女性客を中心に、スーツを来たサラリーマン風の方もいらっしゃいました。

A

B

C

A：大豆ミートを使ったスペアリブ風の甘辛炒め。オレンジを使ったソースがポイント。なんと骨に見立てているのは細切りしたゴボウでした！
B：四川風スパイシー鶏鍋。きのこや野菜のうま味を十分に吸った大豆ミートがおいしく、独特の香辛料はやみつきの味。
C：店内の写真[※1]。店員さんの服装もナチュラル系で統一されています。

※1　棗子樹
http://www.jujubetree.com/
現在9店舗。写真は上海南京西路店。

SOY MEAT RECIPE

TAIWAN

おいしくてボリューム満点「台湾素食(スーシー)」

敬虔な仏教徒が多く、人口の10%がベジタリアンといわれる台湾では、飲食店街や屋台夜市を歩いていると「素食」や「全素(チェンスー)」などの看板をよく見かけます。これらは精進料理という意味。病院などの公共施設では一般食メニューと素食メニューの両方あることが通常だと聞きました。

「素」という字から想像する淡白な味とは全く違ってしっかりボリューミーでおいしいのは、さすが美食の国・台湾。ベジタリアンでなくてもそのおいしさと健康的なメリットから食べる方も多く、今やひとつの食文化として市民権を得ているようです。

スーパーやコンビニでは、素食の冷凍餃子やカップラーメンなどが普通に売られていますし、私が宿泊したビジネスホテルの朝食バイキングでは、一般的なおかずと一緒に大豆ミート料理も並んでいました。その日の気分や体調に合わせて何を食べるかの選択肢が多いことは嬉しいですね。

D：台北の素食専門店※2。自家農園野菜や植物性食材を使った色とりどりの料理が美しい。
E：Dの店で食べた肉団子風スープは、すべて植物性素材ながらうま味があっておいしい。
F：台湾夜市エリア（士林夜市）にある鍋屋さん。鶏の煮込み鍋、薬膳鍋、素食鍋などバリエーション豊富。
G：大豆ミートなどの素食商品がずらりと並ぶ食料品店。
H：商店街の中にある素食専門店は看板の大きな文字が目印。
I：大豆ミートを使った点心。

※2　陽明春天(ヤンミンチュンティエン)　http://ymspring.com.tw/　現在2店舗。写真は忠孝店。

※情報は2018年8月末現在のものです。

79

著者
坂東万有子
ばんどう・まゆこ
大豆ミート料理研究家

和食や精進料理を好んだ両親の影響を受けて育ち、10代で大豆ミートに出合って料理を始める。2012年に会社員から料理家へ転身、料理教室「SOY食クッキング」を主宰し、2013年より情報誌などでコラム連載中。特に料理歴20年以上となる大豆ミートは、おいしく料理するコツや使いこなしを得意とし支持を集めている。みそソムリエの資格も持ち、手作りみそ講座や豆板醤作り講座も行う。
現在はメディア・企業へのレシピ提供、食を通した地域振興案件にも携わりながら、大豆ミートのおいしさ・魅力・これからの可能性を伝え広めるための料理研究活動を続けている。趣味は旅先でのローカルスーパー巡り。

ホームページ：Mayuko Bando
https://www.soy-shoku.com/
料理教室 SOY食クッキング
https://ameblo.jp/soy-shoku

栄養監修
早崎知代
はやさき・ともよ

管理栄養士
フードコーディネーター

http://ameblo.jp/epicyy

＊本書で紹介した商品情報は2018年8月現在のものです。商品の廃番やパッケージ変更などもございますのでご了承ください。

商品協力

マルコメ株式会社
https://www.marukome.co.jp

株式会社かるなぁ
https://www.karuna.co.jp

株式会社マイセン
https://www.maisen.co.jp

STAFF
アートディレクション／大薮胤美（フレーズ）
ブックデザイン／武田紗和（フレーズ）
撮影／山本ひろこ
スタイリング／新田亜素美
料理アシスタント／丹下恵実　八木綾子
イラスト／加藤友佳子
DTP／小松桂子（フレーズ）
編集制作／早草れい子

お肉好きも満足！
大豆ミートのヘルシーレシピ

2018年9月30日　初版発行
2021年9月30日　2刷発行

著者	坂東万有子
発行者	小野寺優
発行所	株式会社河出書房新社
	〒151-0051
	東京都渋谷区千駄ヶ谷2-32-2
電話	03-3404-1201（営業）
	03-3404-8611（編集）

http://www.kawade.co.jp/
印刷・製本　凸版印刷株式会社

Printed in Japan
ISBN 978-4-309-28693-8

落丁本・乱丁本はお取り替えいたします。
本書のコピー、スキャン、デジタル化等の無断複製は著作権法上での例外を除き禁じられています。本書を代行業者等の第三者に依頼してスキャンやデジタル化することは、いかなる場合も著作権法違反となります。

本書の内容に関するお問い合わせは、お手紙かメール（jitsuyou@kawade.co.jp）にて承ります。恐縮ですが、お電話でのお問い合わせはご遠慮くださいますようお願いいたします。